CHENGSHI DAOLU XIBU GOUZAO
PINZHI TISHENG ZHINAN

城市道路细部构造品质提升指南

福州市城乡建总集团有限公司 主编

人民交通出版社股份有限公司
北 京

内 容 提 要

本指南坚持"以人为本"的理念，以城市道路细部构造品质提升为出发点，强调全要素一体考虑，注重文化品位，强调生态宜居，侧重细部精细设计及施工。本指南共分为4章，分别为道路类型、机动车道、慢行系统、市政景观等，旨在通过大量精美图片，为读者了解城市道路细部构造品质提升要点提供示范案例。

书　　名：	城市道路细部构造品质提升指南
著 作 者：	福州市城乡建总集团有限公司
责任编辑：	任雪莲
责任校对：	赵媛媛
责任印制：	刘高彤
排　　版：	北京楚泰文化传播有限公司
出版发行：	人民交通出版社股份有限公司
地　　址：	（100011）北京市朝阳区安定门外外馆斜街3号
网　　址：	http://www.ccpress.com.cn
销售电话：	（010）59757973
总 经 销：	人民交通出版社股份有限公司发行部
经　　销：	各地新华书店
印　　刷：	北京印匠彩色印刷有限公司
开　　本：	880×1230　1/16
印　　张：	9
字　　数：	152千
版　　次：	2022年8月　第1版
印　　次：	2022年8月　第1次印刷
书　　号：	ISBN 978-7-114-17905-1
定　　价：	98.00元

图书在版编目（CIP）数据

城市道路细部构造品质提升指南/福州市城乡建总集团有限公司主编．— 北京：人民交通出版社股份有限公司，2022.8
ISBN 978-7-114-17905-1

Ⅰ.①城… Ⅱ.①福… Ⅲ.①城市道路—设计—指南
Ⅳ.①U412.37-62

中国版本图书馆CIP数据核字（2022）第059380号

（有印刷、装订质量问题的图书，由本公司负责调换）

EDITORIAL BOARD 编委会

城市道路细部构造品质提升指南

编　　　委：	王金露　李伟方　池善庆　吴涛峰　杨明清　林　恩
主要编写人员：	俞伯林　韩冬冬　杨　顺　黄兰兰
参与编写人员：	林　捷　侯思远　陈开向　施国铃　张树妹　林财强
	谢韦韦　郑英明　郑传铃　林熠星　杨雪珍　吴传志
	吴乔枫　谢　芳　钱　城　林少武　祝龙飞　林澄盛
	杨　辉　郭　聪　陈翔峰　唐　棋　尤延锋　阙小琴
组织编写单位：	福州市城乡建设局
	福州城市建设投资集团有限公司
主 编 单 位：	福州市城乡建总集团有限公司
参 编 单 位：	福建省榕圣市政工程股份有限公司
审 查 人 员：	刘金福　黄　强　何本明　朱志勇　陈华健　林　鸿
	肖晓萍　林　岸　傅东阳　林上顺　许　莉　江　星
	郑晓燕　陈治雄

PREFACE 前言

城市道路 细部构造
品质提升 指南

当下，中国城市发展已迈入新的发展时期，作为城市建设者，当如何顺应城市发展新形势、改革创新新要求、人民群众新期待？习近平总书记指出："人民城市人民建、人民城市为人民。"中央城市工作会议突出强调了"创新、协调、绿色、开发、共享"的发展理念，要求不断提升城市环境质量、人民生活质量、城市竞争力，建设和谐宜居、富有活力、各具特色的现代化城市。

梁思成先生说过，"城市是一门科学，它像人体一样有经络、脉搏、肌理，如果你不科学地对待它，它会生病的。"城市道路就如梁思成先生说的"经络"，它是城市空间发展的基础，一座城市要健康发展，其"经络"首先得畅通无阻。福州市城乡建总集团有限公司的诞生源于一座江桥，作为当地的城建主力军，公司成立30年以来，一直扎根于城市基础设施建设，在水系治理、交通治堵工程、景观绿化等方面拥有丰富的建设经验，打造了众多省级、市级优质工程。在疏通城市"经络"方面，更是通过不断畅通"大动脉"、改善"微循环"，赢得了市民的高度赞赏，获得了各方的好评。

城市道路是城市生存发展、内畅外联的命脉，是民生幸福的重头戏。福州市城乡建总集团有限公司深以为然，在打造精品的同时，不断总结实践，以整体城市空间为设计对象，对建造技术体系及技术管理体系进行更新迭代，建立了一套以人为本、精细可控的建设标准，这就是本指南的基础。2019年以来，为进一步提升城市道路项目建设的技术管理能力，推动城市道路功能、质量、品质全要素升级，实现美观与功能并重的目标，落实福州市市政工程品质提升工作的决策部署，在福州市城乡建设局的组织指导下，福州市城乡建总集团有限公司着手编制本指南。编制过程中，福州市城乡建总集团有限公司以城市道路品质提升为突破口，在现场调研的基础上，采集一批样板工程，凝炼城市道路建设经验，吸取运维单位的需求和建议，并邀请相关部门及行业内权威专家进行多次讨论、会审、修编，最终形成本指南。

本指南坚持"以人为本"的理念，以城市道路品质提升为出发点，强调全要素一体考虑，注重文化品位，强调生态宜居，侧重细部精细设计及施工。本指南共分为4章，分别为道路类型、机动车道、慢行系统、市政景观等，旨在通过大量精美图片，为读者了解城市道路品质提升要点提供示范案例。

本指南在编写过程中，得到了相关部门、专家积极参与和支持，也受到了各位同仁的热切关注，在此表示衷心感谢！

由于本指南结合实践经验总结编写而成，内容因编者水平有限，或编者编著角度不同等原因，存在错漏之处、不足之处及可商榷之处，在此，恳请各位读者批评指正，以便本指南进一步修订与完善。

编　者

2022 年 2 月

CONTENTS 目录

城市道路细部构造品质提升指南

1 道路类型 001
- 1.1 商业型道路 003
- 1.2 生活服务型道路 005
- 1.3 景观休闲型道路 007
- 1.4 交通型道路 009

2 机动车道 013
- 2.1 路面 015
- 2.2 路面排水 017
- 2.3 车行道上检查井井盖 020
- 2.4 公交停靠站 023
- 2.5 分隔护栏 028

3 慢行系统 029
- 3.1 人行道铺装 031
- 3.2 人行道上检查井井盖 037
- 3.3 盲道 041
- 3.4 路缘石（侧、平石） 043
- 3.5 树池 046
- 3.6 杆件 052
- 3.7 人行道设施带 056
- 3.8 车止石 059
- 3.9 缘石坡道开口 061
- 3.10 非机动车道 067
- 3.11 地铁出入口 070
- 3.12 行人过街安全岛 074
- 3.13 人行天桥 077
- 3.14 特色元素 086

4 市政景观 089
- 4.1 车行道绿化带 092
- 4.2 人行道绿化带 097
- 4.3 渠化岛绿化 100
- 4.4 市政道路边坡绿化 103
- 4.5 桥梁立体绿化 106
- 4.6 红线内外界面绿化处理 114
- 4.7 街边公园景观 116
- 4.8 景观小品 128

参考文献 134

CHAPTER 1 道路类型

ROAD TYPE

道路类型

  城市道路是为城市范围内的交通运输、行人通行提供空间保证的基础设施。城市道路按其在路网中的地位、交通功能以及对沿线服务功能等，分为快速路、主干路、次干路和支路。

  根据道路沿街活动、空间景观特征和交通功能等，将城市道路分为商业型道路、生活服务型道路、景观休闲型道路和交通型道路。

1.1 商业型道路

商业型道路周边主要为商业用地，沿线以商店、餐饮店、服务店、商务办公区为主，具有多功能、多业种、多业态的特点。

▲ 主干路（五一路）实例图

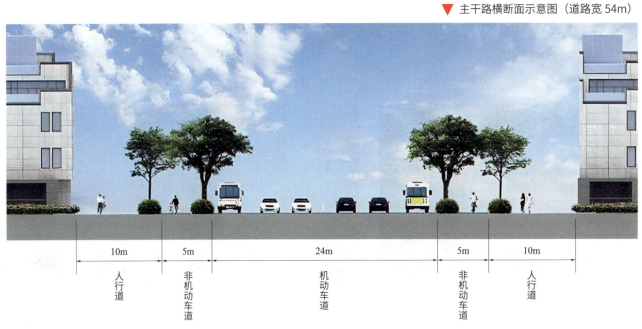

▼ 主干路横断面示意图（道路宽 54m）

10m	5m	24m	5m	10m
人行道	非机动车道	机动车道	非机动车道	人行道

▼ 次干路横断面示意图（道路宽 40m）

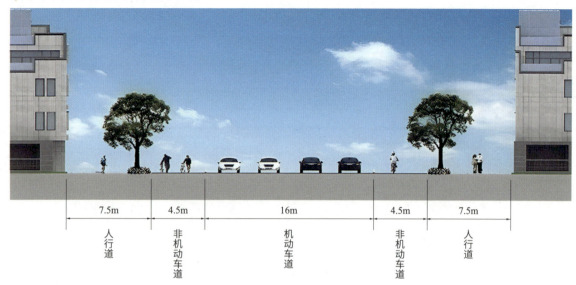

7.5m	4.5m	16m	4.5m	7.5m
人行道	非机动车道	机动车道	非机动车道	人行道

▲ 次干路（八一七路）实例图

▼ 支路横断面示意图（道路宽 24m）

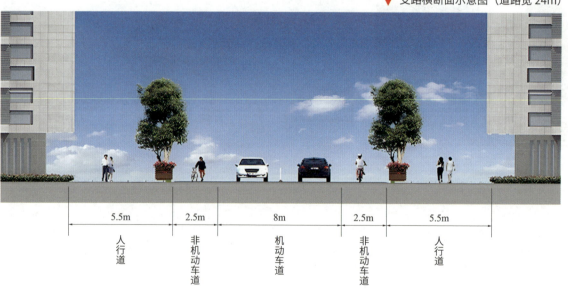

5.5m	2.5m	8m	2.5m	5.5m
人行道	非机动车道	机动车道	非机动车道	人行道

▲ 支路（津泰路）实例图

1.2 生活服务型道路

生活服务型道路两侧主要为居住用地，沿线以服务本地居民的生活服务类商业、餐饮及公共服务设施为主。

▼ 主干路横断面示意图（道路宽 52m）

▲ 主干路（金山大道）实例图

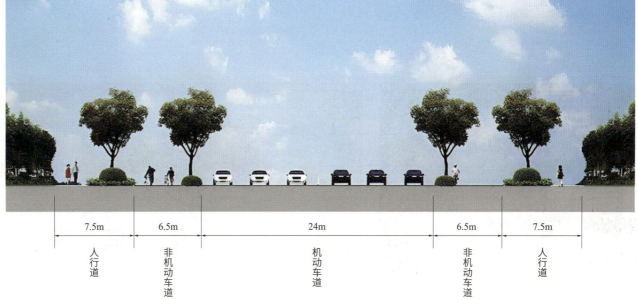

7.5m	6.5m	24m	6.5m	7.5m
人行道	非机动车道	机动车道	非机动车道	人行道

▼ 次干路横断面示意图（道路宽36m）

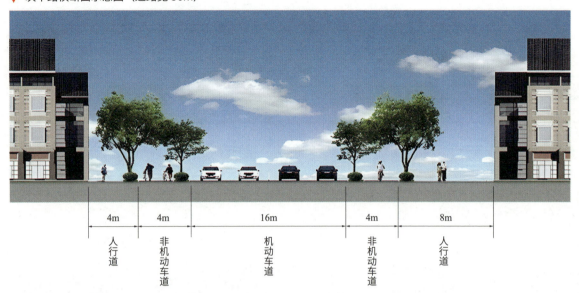

4m	4m	16m	4m	8m
人行道	非机动车道	机动车道	非机动车道	人行道

▲ 次干路（金祥路）实例图

▼ 支路横断面示意图（道路宽20m）

4m	2.5m	7m	2.5m	4m
人行道	非机动车道	机动车道	非机动车道	人行道

▲ 支路（道山路）实例图

1.3 景观休闲型道路

景观休闲型道路沿线分布有公园绿地、滨水绿地等，或历史风貌特色突出，沿线设置有集中成规模的休闲活动设施。

▼ 主干路横断面示意图（道路宽48m）

▲ 主干路（南江滨）实例图

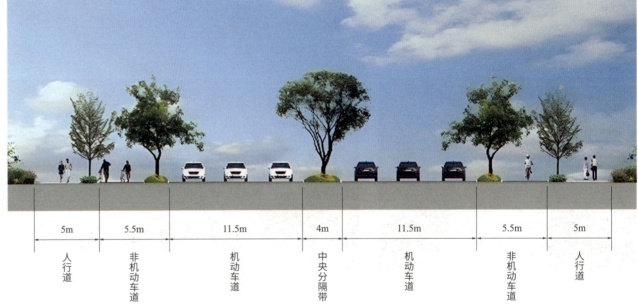

5m	5.5m	11.5m	4m	11.5m	5.5m	5m
人行道	非机动车道	机动车道	中央分隔带	机动车道	非机动车道	人行道

▼ 次干路横断面示意图（道路宽 30m）

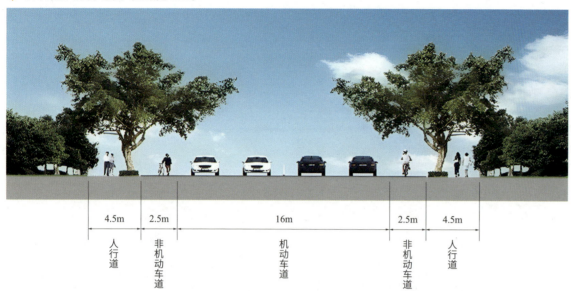

4.5m | 2.5m | 16m | 2.5m | 4.5m
人行道 | 非机动车道 | 机动车道 | 非机动车道 | 人行道

▲ 次干路（白马路）实例图

▼ 支路横断面示意图（道路宽 26m）

▲ 支路（横江路）实例图

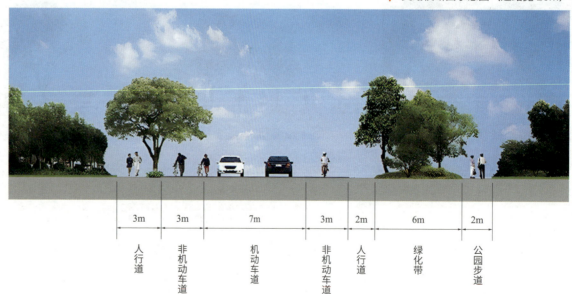

3m | 3m | 7m | 3m | 2m | 6m | 2m
人行道 | 非机动车道 | 机动车道 | 非机动车道 | 人行道 | 绿化带 | 公园步道

1.4 交通型道路

交通型道路以机动车、非机动车通过性交通为主，非交通性活动较少。

▲ 主干路（福峡路）实例图

▼ 主干路横断面示意图（道路宽 50m）

| 3m | 5m | 15.5m | 3m | 15.5m | 5m | 3m |
| 人行道 | 非机动车道 | 机动车道 | 中央分隔带 | 机动车道 | 非机动车道 | 人行道 |

▼ 次干路横断面示意图（道路宽46m）

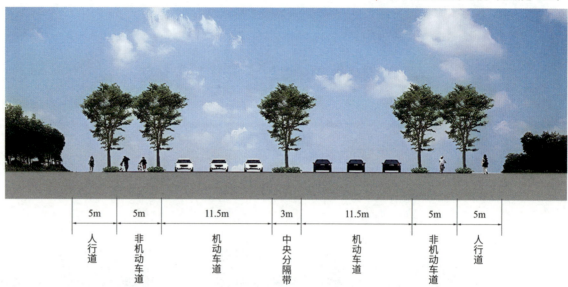

5m	5m	11.5m	3m	11.5m	5m	5m
人行道	非机动车道	机动车道	中央分隔带	机动车道	非机动车道	人行道

▲ 次干路（建新路）实例图

▼ 支路横断面示意图（道路宽18m）

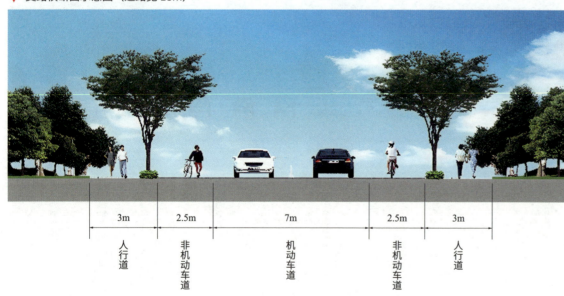

3m	2.5m	7m	2.5m	3m
人行道	非机动车道	机动车道	非机动车道	人行道

▲ 支路（燕前路）实例图

品质提升要点

- 断面布置应与周边建筑风貌有机融合，进行一体化设计。
- 道路设计应综合考虑行人和车辆的通行功能，确保交通有序，坚持以人为本，强调慢行优先。
- 非交通型道路断面设计除满足通行需求外，还应考虑布设公共休憩等设施所需要的空间。
- 增加道路断面的绿地率，美化环境，营造道路生态系统，起到净化空气的作用。
- 采用海绵道路设计理念，对雨水径流进行控制，缓解城市内涝。
- 促进智慧道路建设，鼓励集约设置市政设施和城市家具，提升城市服务水平。

城市道路功能分区

城市道路设计元素

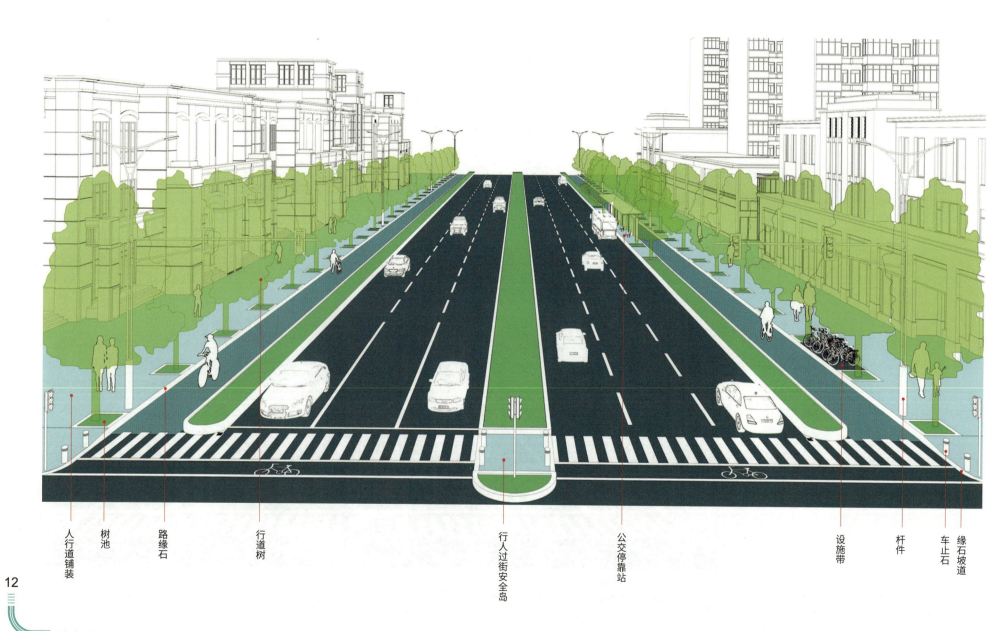

人行道铺装　树池　路缘石　行道树　行人过街安全岛　公交停靠站　设施带　杆件　车止石　缘石坡道

CHAPTER 2 机动车道

MOTORWAY

机动车道

2.1 路面

一般原则

- 机动车道宜采用沥青混凝土路面。
- 快速路、主干路的路面上面层宜采用沥青玛琋脂碎石混合料（SMA），上面层粗细集料应选用与沥青黏附性能好的碱性硬质石料，如玄武岩、辉绿岩等；次干路及支路的路面上面层宜采用 SBS 改性密级配沥青混凝土。
- 城市高架桥桥面铺装上面层宜采用沥青玛琋脂碎石混合料（SMA）。

路面品质提升要点

- 根据工程情况适当采用浇筑式沥青混凝土❶、聚氨酯混凝土等新材料❷。
- 车辆频繁制动区域，如交叉口，路面材料中可添加抗车辙剂等，以提高沥青混凝土抗车辙性能。
- 水泥稳定层应采用厂拌混合料，机械摊铺，加强成品保护，并进行弯沉、取芯、无侧限抗压强度、压实度的检测。
- 路面施工宜采用路面智能施工监管系统❸。
- 宜采用弯沉检测车、平整度检测车等智能设备加强对路基路面施工的验收管理。

❶ 浇筑式沥青混凝土

❷ 聚氨酯混凝土铺装

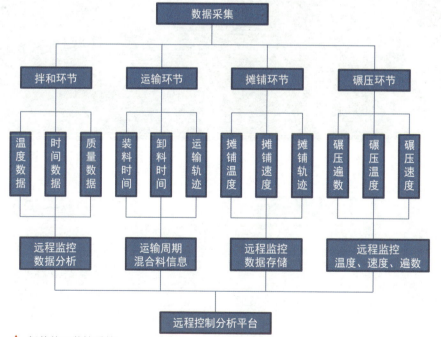

❸ 智能施工监管系统

2.2 路面排水

一般原则

- 道路汇水点、最低点、人行横道上游、沿街单位出入口上游、街坊或庭院的出入口等处均应设置雨水口。道路低洼和易积水路段应根据需要适当增加雨水口。
- 雨水口设置应贴近路缘石。
- 平箅式雨水口的箅面应略低于周边路面，以利于排水。
- 雨水口的设计应美观大方，并与道路整体环境相协调。

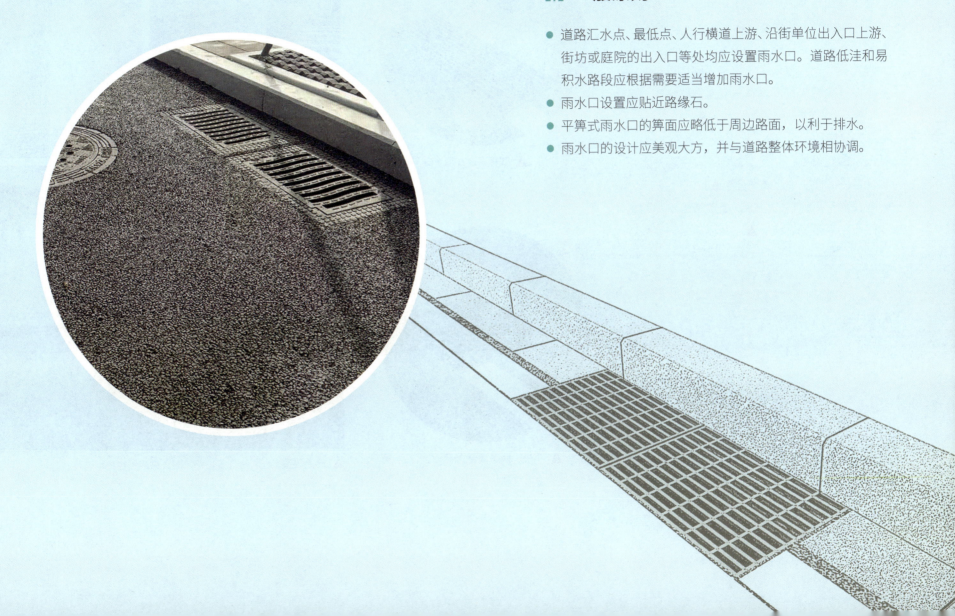

路面排水品质提升要点

- 结合周边环境采用球墨铸铁雨水箅子，使得雨水口外观美观、大方。
- 雨水箅子的质量应满足设计要求。
- 建议在主干路采用双箅平进式雨水口❶或平进、侧进联合式雨水口❷。
- 对于新建道路，雨水口位置可不局限于等间隔布设，宜调整雨水口位于道路最低点；对于旧路改造工程，道路出现平坡路段时，宜加密雨水口或采用线性排水沟❸。
- 在交叉口及小区出入口应加密设置雨水口。
- 雨水口应设置在交叉口最低点，并避开人行横道，设置在人行横道上游❹。
- 在设置有平缘石的区域，建议将雨水口的宽度和路缘带宽度统一❺，保证道路的完整性与美观性。
- 高边坡与人行道相接处，可沿人行道增设线性排水沟。
- 车行隧道口横截式收水沟由于受汽车反复碾压，收水沟与道路衔接处易松动，结构应做特殊处理。

❶ 双箅平进式雨水口

❷ 平进、侧进联合式雨水口

❸ 旧路改造工程，出现平坡路段时，采用线性排水沟

❷ 机 动 车 道

⚠ 雨水口应避开人行横道位置，宜设置在人行横道上游

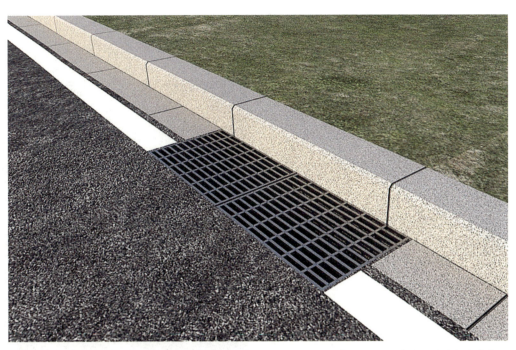

⚠ 雨水口的宽度和路缘带宽度统一

2.3 车行道上检查井井盖

一般原则

- 城市快速路、主干路的机动车道内不宜设置排水检查井。
- 车行道上检查井井盖应刻有管线产权单位标识。
- 井盖的材质采用球墨铸铁,并且具备防沉降、防盗、防跳、防噪声的功能。

车行道上检查井井盖品质提升要点

- 设计检查井位置时,应将其尽可能布置于非机动车道、人行道、绿化带等位置,对于无法避免布置在机动车道的检查井,进行井盖设计时应避免布置在车辆轮迹带下。
- 城市道路车道上的检查井均统一采用球墨铸铁可调式防沉降井盖,井盖表面纹理清晰,无锈斑,有明显品牌标识。

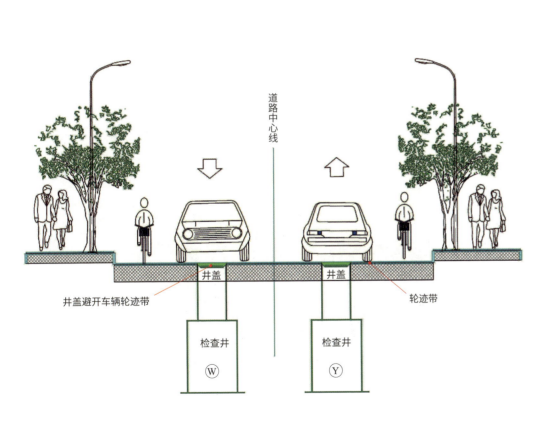

▲ 机动车道上的排水检查井位置

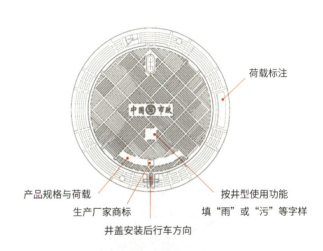

▲ 球墨铸铁可调式防沉降井盖

- 进场时应对井盖材料严格把关，重量和承载力应达到设计要求，井盖面应满足防滑要求，橡胶条断面形状及性能符合规范要求，井盖和井座的接触面采用车床加工❸❹。
- 应按照井盖上盖板指示的方向正确安装，井盖铰链方向指向来车方向❺。
- 应提高井盖周边沥青混凝土施工工艺，确保井盖承载盘下沥青混凝土的密实度❻。
- 对于重要道路宜采用智能井盖或预留远期安装智能化设备的空间。

梯形凹槽

❹ 井座支承面放置橡胶垫的槽道采用机械加工，形成上窄下宽的"梯形"断面凹槽

行车方向

❺ 井盖安装

井盖落座面与井座支承面应进行车床加工

❸ 井盖落座面与井座支承面

❶ 防沉降。井盖与沥青形成一体，车辆荷载通过井盖上盘面、翼板将力均匀扩散到沥青面层，防止不均匀沉降。需重点关注井盖承载盘下沥青密实度，应满足规范要求，施工时可采用限位钢井圈。

❷ 防噪声。上窄下宽橡胶条凹槽，胶条不易脱落，减少噪声。

❸ 防跳动。盖板锁定装置：紧扣底座，减小井盖震动。

❹ 防跳车。重点关注井圈与沥青交接处的平整度。

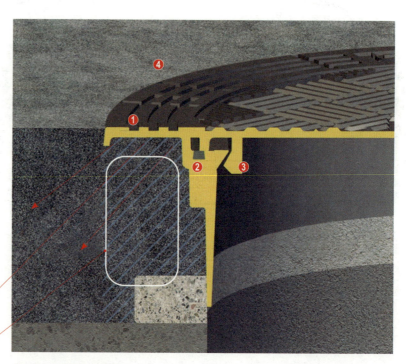

荷载分散

重点关注蓝色阴影区域沥青密实度

❻ 井盖安装后剖面图

2.4 公交停靠站

一般原则

应根据道路的交通流量和用地条件选择公交站的停靠形式，在非机动车流量较小的道路宜采用人行道设站（路侧停靠），在非机动车流量大的道路宜采用机非分隔带设站（路中停靠），结合断面形式，一般设置在机非分隔带处。城市主、次干路和交通量较大的支路上的公交车站宜采用港湾式停靠站。

公交站台设置形式分类

◆ **直接式公交车站**

直接式公交站适用于站点停靠公交线路较少、机动车流量小、道路红线宽度有限、人行道及非机动车道宽度难以压缩的支路❶❷❸❹。

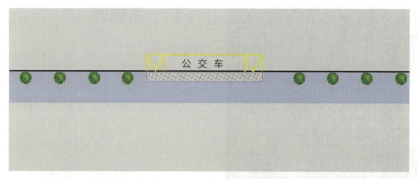
▲ 直接式公交车站大样——非机动车流量小，与公交车混行（路侧停靠）

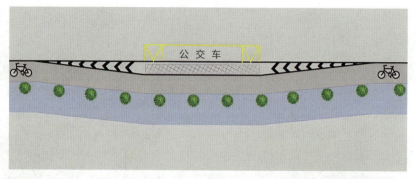
▲ 直接式公交车站大样——非机动车流量大，与公交车分道行驶（路中停靠）

▲ 直接式公交车站（路侧停靠）

▲ 直接式公交车站（路中停靠）

◆ 港湾式公交车站

城市主、次干路和交通量较大的支路上的公交车站，宜采用港湾式公交车站 ❺❻❼❽。

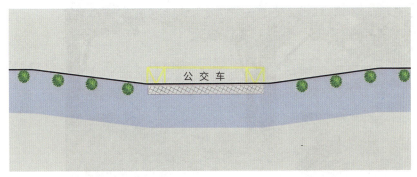

❺ 港湾式公交车站大样——非机动车流量小，与公交车混行（路侧停靠）

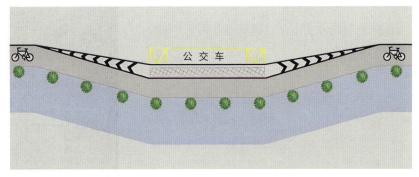

❼ 港湾式公交车站大样——非机动车流量大，与公交车分道行驶（路中停靠）

❻ 港湾式公交车站（路侧停靠）

❽ 港湾式公交车站（路中停靠）

┣┫ 公交停靠站品质提升要点

- 对于公交停靠站及交叉口区域的沥青路面，应加强路面结构设计，提高路面的使用寿命。
- 公交站台应有遮荫防雨功能。
- 港湾式公交车站范围应加密雨水口，可采用双箅式雨水口⚠。
- 候车亭来车方向应有良好的视距，使乘客能看到驶来的公交车，可提前准备乘车并减少安全隐患。
- 站台后行人与非机动车混行区宜设置减速标识和标线，保证行人优先通行，提高安全性。
- 公交车站台智能化、信息化，候车人员通过LED屏，能快速、清晰地获取公交车到站、停靠等信息。
- 公交站台设置不应压缩人行道空间。

积水

⚠ 港湾式公交站处应加密雨水口

公交站台品质提升案例分析

◆ **原则**

  合理选择公交车站位置，方便换乘，避免车辆在路口停车滞留，确保乘客上下车安全、便捷。

◆ **品质提升要点**

  ❶ 公交站台种植高大乔木（脱杆高、冠幅大），确保候车遮荫。

  ❷ 港湾式公交车站范围加密雨水口，采用双箅平进式雨水口，防止站台周边积水。

  ❸ 港湾式公交车站范围内不得压缩非机动车道与人行道宽度，对设置港湾式车站引起的折角应做圆顺处理。

  ❹ 非机动车道设减速标识、标线，减少上下车行人与非机动车辆冲撞隐患。

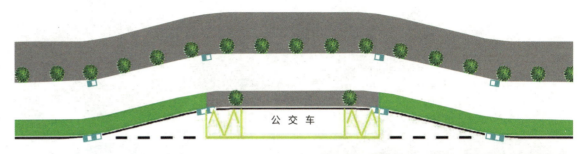

港湾式公交车站

公交站台品质提升案例图

◆ **其他**

  公交车站台智能化、信息化，候车人员通过 LED 屏，能快速、清晰地获取公交车到站、停靠等信息。

2.5 分隔护栏

分隔护栏品质提升要点

- 采用交通护栏时，同一路段应统一设置样式，并与周围环境相协调。
- 分隔设施除应具有功能性，还可突出其造型美，使其具有装饰性⚠。
- 高架桥中央防护栏杆上应设防眩板，防眩板的设计宜体现地方特色，增加美感，体现文化魅力。

一般原则

分隔设施应具有一定的强度、稳定性和耐久性，结构合理，色彩与造型应统一，并与道路环境景观相协调。

⚠ 分隔设施

CHAPTER 3 慢行系统

SLOW MOTION SYSTEM

慢行系统

3.1 人行道铺装

一般原则

对于人行道铺装,首先应考虑满足使用功能和安全需求,其次考虑图案设计;要求使用密实、平整、防滑的材料进行人行道铺砌,色彩要求简洁,使人轻松、愉悦;并宜按海绵城市的要求进行设计。

铺装材质

◆ **透水砖**

透水砖应简洁大方，具有良好的排水功能，能很好地缓解路面积水的问题，适用于对景观品质要求一般的交通型、居住型的主干路、次干路或支路。一般道路推荐采用透水砖。

◆ **花岗岩**

花岗岩具有简洁、大气的景观效果，并且具有耐腐蚀、耐磨等优良特性，适用于人流大、档次高、景观要求高的城市主干路。

◆ **条石**

条石简洁大方，耐磨、耐腐蚀，适用于对景观要求较高的城市道路或文化古巷。

◆ **透水混凝土**

现浇透水混凝土适应性强，能减少拼接缝，使雨水能够直接下渗，减少路面积水，适用于公园步道、交叉口、渠化岛等异形部位。

▲ 1 透水砖

▲ 2 花岗岩

▲ 3 条石

▲ 4 透水混凝土

人行道铺装品质提升要点

- 铺装材料及铺砌形式的选择应因地制宜，交界部位应进行精细化设计；铺装材料主色调宜素雅，以灰色系为主，铺砌方式不应过于复杂，与城市风格及景观定位相符❶。
- 大型公共区、商业区或景观型道路的节点宜用不同的材质进行铺装设计，突出场地特色❷。

❶ 铺装材料主色调宜素雅，与城市风格及景观定位相符

❷ 大型公共区、商业区或景观型道路的节点人行道铺装

- 渠化岛、转弯处等异形结构处宜采用现浇透水混凝土铺装。
- 设计者应考虑铺装的布局，宜根据人行道宽度调整透水砖的模数，采用不同材料进行拼装或调整路缘石的规格等，使得现场二次切割最少。
- 在路面铺砌前宜进行 CAD 排版编号，可在工厂内完成切割。大面积施工前应先做样板区，须体现大多数施工要点，包括路缘石边界、建筑边界、检查井盖和缘石坡道等。
- 一般路段铺装采用顺铺方式，交界处可采用视觉效果相近的材料进行横向铺筑，使过渡更自然。
- 宜使用建筑砖渣制备环保型透水砖，实现废弃物再利用。

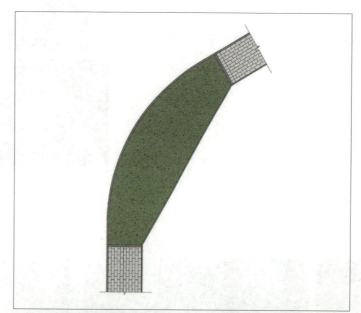

▲ 3 异形结构处人行道铺装

▲ 4 交界处人行道铺装

直线段铺装模数化案例分析

◆ 原则

直线段铺装宜结合预制块规格和人行道、公交站台等铺装区域的尺寸进行模数化设计，减小现场切割产生的扬尘等对环境的不利影响。

◆ 品质提升要点

❶ 树池宽度为砖宽的整数倍。
❷ 树池间距为砖长的整数倍。
❸ 人行道宽度为砖宽的整数倍，避免纵向全线切割。
❹ 与树池相邻的半砖采用预制，实现直线段零切割。

◆ 优点

(1) 直线段 100% 无切割；
(2) 加快工程铺装进度；
(3) 减少现场切割产生的扬尘污染；
(4) 整体美观、平整、耐久。

◆ 其他

针对展宽段、公交站拓宽段等，宜通过定制规格弧形透水砖，或在工厂内切割等措施，减少现场切割数量。

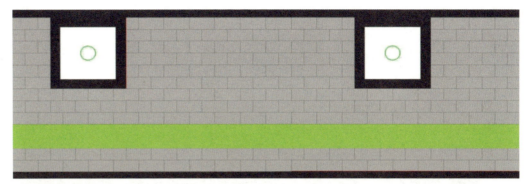

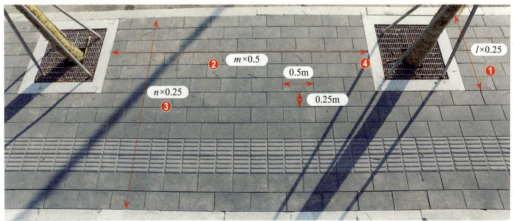

▲ 直线段铺装模数化案例

转弯处铺装案例分析

◆ 原则

交叉口、路口等非直线段人行道铺装应整体美观、缝隙均匀、平整牢固。

◆ 品质提升要点

❶ 对路口转弯范围内进行等间距分区域铺装，分隔材料可采用透水砖或色泽与透水砖相近的路缘石；每个区域长宽比宜为 1.3～1.5。

❷ 分隔材料方向应设置在角平分线上。

❸ 确保盲道砖与路缘石间距不小于 25cm。

❹ 保证盲道砖全范围无阻断，且转折点设置在分区线上，各分区范围内铺装行进方向与盲道砖走向一致。

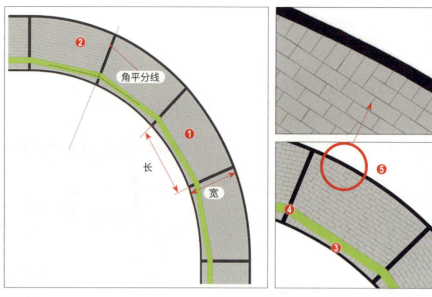

▲ 转弯处人行道铺装案例及现场实施效果

❺ 各分区透水砖宜用 CAD 排版编号，采用厂内切割，尽量避免锐角砖、小块砖（边长小于 10cm），特别是在路缘石相交处，宜采用透水砖横铺（方向转 90°），避免出现小锐角、小块砖填塞现象。

◆ 优点

(1) 加快工程铺装进度；
(2) 减少小块砖铺装；
(3) 整体美观、平整、耐久。

◆ 其他

针对未采用其他材质分隔的情况，要求拼缝设置在角平分线上，确保拼缝对齐❸。

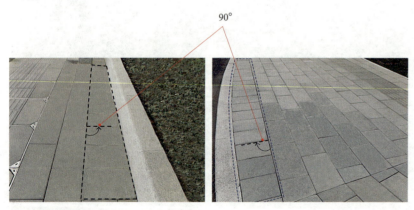

▲ 在路缘石相交处

注：采用透水砖横摆（虚线区域透水砖旋转90°），减少小块砖的出现。

▲ 转弯处未采用其他材质分隔时，拼缝设置在角平分线上

3.2 人行道上检查井井盖

一般原则

- 人行道采用下沉式井盖，井盖内铺装材料应与周边路面铺装统一。
- 井盖应满足道路荷载等级要求，并具易开启维修且不易变形的特性。
- 井盖上应注明管线类型和权属单位。

人行道上检查井井盖品质提升要点

① 采用下沉式井盖，不破坏整体铺装效果

② 保证井盖边框方向与人行道铺装方向一致

- 旧路改造，井口边缘方向与铺装方向不一致时，可加大井盖尺寸，在保证盖住井口的同时，保证井盖边框与人行道铺装方向一致④。
- 旧路改造，人行道路缘石与现状检查井井盖平面位置冲突，影响行人通行安全时，应增设下沉式人行道井盖⑤，避免出现人行道缺口现象。
- 人行道井盖也可采用浇筑式下沉式井盖⑥。

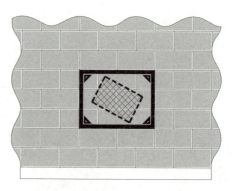
④ 井口边缘与铺装方向不一致

⑤ 缘石与检查井井盖位置冲突

- 采用下沉式矩形井盖，应具有重复开启不易变形的特性；井盖内部铺装材料与井盖周边的材料一致，达到协调美观的效果，不破坏整体铺装效果①。
- 检查井的位置设计宜结合设施带或靠近道路内侧设置。
- 井盖尺寸宜为透水砖的整数倍，减少切割。
- 检查井应精准放样，确保井盖边框方向与人行道铺装方向一致②，同时尽可能保证井盖内外铺装对缝铺设③。

③ 对缝铺设

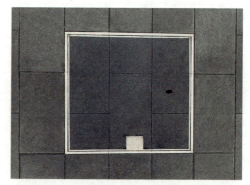
⑥ 采用工厂定制浇筑式下沉式井盖

注：减少路面切割粉尘污染，增加井盖强度、美观性，提升施工效率。

下沉式井盖案例分析

◆ 原则

采用下沉式矩形井盖,井盖内外铺装一致,不影响人行道整体铺装效果,美观、大方。

◆ 品质提升要点

❶ 采用不锈钢下沉式矩形井盖。
❷ 井盖顶部凹陷部分所用铺装材料与井盖周边的材料一致。
❸ 井盖宽度为透水砖的整数倍,尽量减少切割。
❹ 井盖边框方向与人行道铺装方向一致。
❺ 井盖内外铺装对缝铺设。
❻ 井盖跨越盲道时,盲道采用嵌入式设计。

◆ 优点

(1) 人行道铺装统一,整体性好;
(2) 平整度好,美观、大方。

◆ 其他

旧路改造,当检查井跨越几种铺装时,采用下沉式井盖,井盖顶部凹陷部分所用铺装材料与井盖周边的材料一致,不破坏整体的铺装效果。

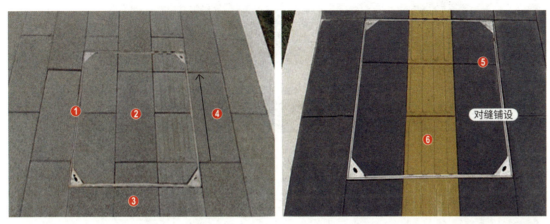

▲ 下沉式井盖案例

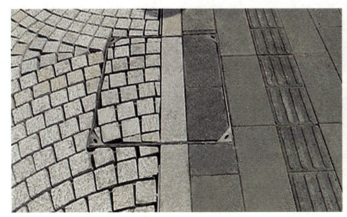

▲ 检查井跨越几种铺装

缘石绕旧井盖案例分析

◆ **原则**

针对旧路改造项目中旧井位与路缘石冲突位置，确保人行道正常通行，保证井盖正常开启检修需求，同时兼顾人行道美观。

◆ **品质提升要点**

❶ 井盖可方便开启，便于下井检修。

❷ 旧井盖上方设置下沉式井盖，确保行人正常通行。

❸ 下沉式井盖内铺装与人行道周边铺装形式一致。

◆ **优点**

(1) 管道维修方便，后期可更换；

(2) 安全，不影响行人出行；

(3) 美观，不影响人行道铺装效果。

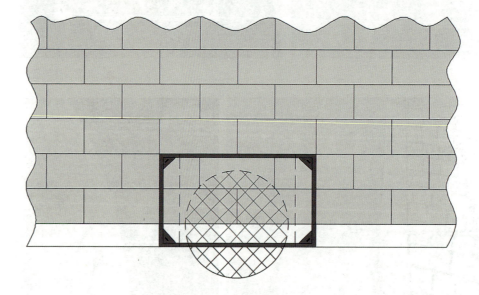

▲ 缘石绕旧井盖案例

3.3 盲道

一般原则

- 城市主要商业街、步行街、视觉障碍者集中区域周边道路的人行道应设置盲道。
- 盲道型材表面应防滑。盲道的颜色宜与相邻的人行道铺面的颜色形成对比，并与周围景观相协调，宜采用中黄色。
- 盲道铺设应连续，避开树木（穴）、电线杆、拉线等障碍物，其他设施不得占用盲道。
- 在盲道起点、终点、转弯处及其他有需要处应设提示盲道。

盲道品质提升要点

- 盲道铺设应连续顺直①，避免出现盲道错位、不连续及盲道与障碍物距离不满足要求等问题。
- 盲道遇检查井等设施时，应采用嵌入式设计，保证盲道在穿越这些设施时的连续性②。
- 盲道铺装宜进行二次深化设计，合理布设。

▶ ① 盲道铺设应连续顺直

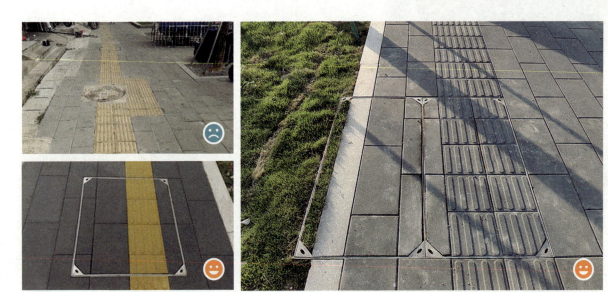

◀ ② 盲道遇检查井等设施

3.4 路缘石（侧、平石）

一般原则

- 路缘石材料宜采用仿石预制构件或花岗岩等。
- 人行横道两端应设置缘石坡道。缘石坡道的坡口与车行道之间不宜有高差。

路缘石（侧、平石）品质提升要点

- 预制混凝土路缘石生产应保证原材料供应稳定，养护到位，确保成品强度满足设计要求、颜色均匀⚠ 。
- 道路渠化岛宜采用天然石材缘石，提升品质感。

缺棱掉角　　　颜色不均

⚠ 预制混凝土路缘石棱角完整，颜色均匀

小块砖拼接形成尖角

▲ 缘石在弯道处，结合现场情况采用曲线形成品

- 缘石在弯道处，当弯道半径 $R \geq 15m$ 时，缘石长度宜为 79.5cm（不含缝宽）；当弯道半径 $8m < R < 15m$ 时，缘石长度宜为 49.5cm（不含缝宽）；当弯道半径 $R \leq 8m$ 时，宜采用圆弧状缘石 ②。
- 道路开口及转角处的半径宜取整数。
- 有景观要求及其他特殊要求路段，宜设计成侧石加平石的形式。
- 缘石应高出绿化覆土面 3～5cm ③。

▲ 缘石应高出绿化覆土面 3~5cm

3.5 树池

一般原则

- 树池缘石可采用仿石预制混凝土或花岗岩,边长不小于1.2m。
- 同一街道应统一树池样式,树池缘石、树箅、覆盖物应一致。
- 树池的设计应充分考虑特定种类行道树根系的生长特点。

树池分类

◆ **连续树池**

连续树池即彼此相连形成连续绿化带的树池，适用于以植物营造道路景观的交通型道路以及空间充足的人行道。连续树池可以为植物根系提供更大的生长区域，增强人行道的安全及舒适感。

◆ **独立树池**

独立树池一般一个树池仅种植一棵乔木，适用于人流密集、人行过街需求较高的中心区、商业区街道等。

▲ 1 连续树池　　　　▲ 2 独立树池

常见树池保护种类

▲ 3 钢格栅　　　　▲ 4 铸铁金属板

▲ 5 拼装透水砖　　　　▲ 6 植草砖

◆ **钢格栅**

钢格栅美观、强度高、可任意切割，适用于人流密集的商业型、生活型道路。

◆ **铸铁金属板**

铸铁金属板美观、稳定性好，适用于人流密集的商业型、办公型、景观型道路。

◆ **拼装透水砖**

拼装透水砖透气、透水、美观，可根据树木生长情况任意调节，适用于人流密集的商业型、生活型道路及古树保护领域。

◆ **植草砖**

植草砖强度高、稳定性好，可在树池内种植植物，增加城市绿地面积，适用于生活型、交通型道路。

树池品质提升要点

- 树池尺寸应与人行道铺装统一设计,为透水砖宽度的整数倍。
- 当人行道通行宽度小于 2m 时,不宜设置抬升式树池⚠;在行人密集的路段,不宜采用连续树池,应优先考虑使用树池箅子,以使步行空间最大化,方便行人通行。
- 优化树池缘石端头形状,减小安装过程中的断角风险。
- 树池内绿化覆土面应低于缘石 3~5cm。
- 在空间比较开阔的商业街道或生活街道,宜将树池和坐凳结合起来,为行人提供更多的休憩空间。

⚠ 当人行道通行宽度小于 2m 时,不宜设置抬升式树池

树池品质提升案例分析

◆ 原则

宜根据人行道功能需求，拓宽通行空间或增设休憩设施，同时避免阻碍乔木正常生长。

◆ 品质提升要点

❶ 树池箅子与树池缘石、人行道铺装平齐，增加通行空间。

❷ 箅子内填透气性材料，填料略低于箅子且能全覆盖裸露土方，整体美观。

❸ 优化树池缘石端头形状，减少锐角，避免施工期间成品磕损。

❹ 旧路改造，宜根据乔木实际偏心位置定制箅子。

❺ 针对特殊街区、重要路段，宜设置特色树池箅子，并标识路名。

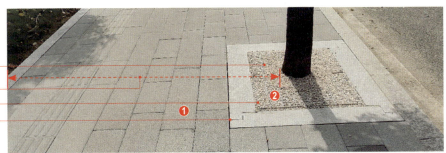

栅格内撒填料（不露土）
人行道有效行走空间增大
树池填料略低于缘石
树池缘石及箅子顶面与人行道齐平

▲ 树池品质提升案例

◀ ❷ 优化树池缘石端头形状，减少锐角

◆ **优点**

(1) 人行道通行空间增大；

(2) 利于路面排水及树木灌溉。

◆ **其他**

在商业街道、人行道较宽的生活休闲型街道及地铁口、街角公园、景区口等空间大、人流大的路段，宜将树池与坐凳相结合，增设休憩功能▲。

▲ 商业街区树池

注：根据情况选择有特色的树池样式及其保护方式。

▲ 空间大、人流大等路段增设休憩功能

3.6 杆件

一般原则

同一区域内设置多种交通标识标志、道路照明灯杆、信号灯杆、监控杆、路名牌杆等时，在满足业务功能要求和结构安全的前提下，宜实行多杆合并，一杆多用⚠1 ⚠2。

杆件品质提升要点

- 杆件设计的风格、造型和色彩等应与道路景观和城市风貌整体协调。
- 宜采用新材料、新工艺和新技术，减小综合杆的杆径，提高设施的安全性及安装、维护和管理的便捷性。
- 杆件应合理预留一定的接口、仓位和管孔等，并具有一定的承载储备以满足未来使用需要。

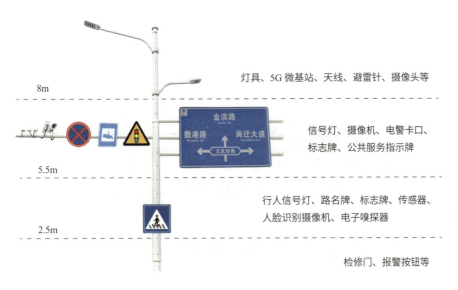

灯具、5G 微基站、天线、避雷针、摄像头等

信号灯、摄像机、电警卡口、标志牌、公共服务指示牌

行人信号灯、路名牌、标志牌、传感器、人脸识别摄像机、电子嗅探器

检修门、报警按钮等

⚠ 多杆合一

⚠ 在满足业务功能要求和结构安全的前提下，实行多杆合并

- 结合周边智慧街区功能需求，设置智慧灯杆▲3。
- 路灯杆、交通标识牌杆等大型立柱，应将底部法兰盘加劲肋埋地，表面铺装与周围一致▲4。

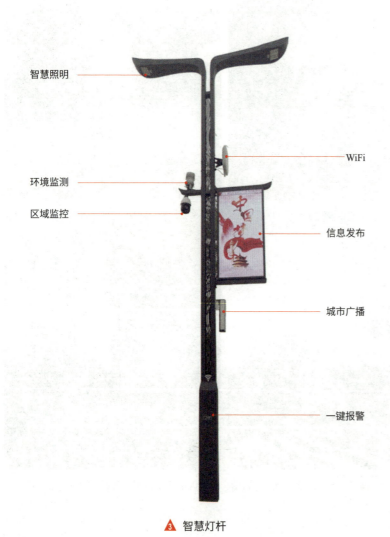

▲3 智慧灯杆

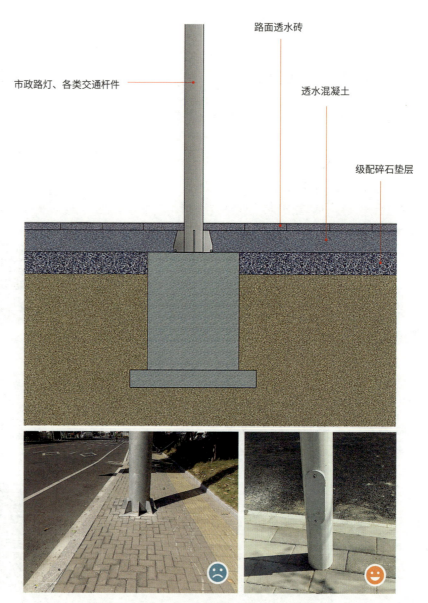

▲4 人行道上路灯杆、交通标识牌等大型杆件安装

注：应将杆件底部法兰盘顶面埋入透水混凝土基层，人行道铺装与周围一致，并采用取芯成孔安装。

3 慢行系统

- 绿化带内路灯杆、交通标识牌等大型杆件安装，应将杆件底部法兰盘加劲肋或混凝土基座（庭院灯）埋入地下15cm，基座上覆土种草皮 ⚠️ 。
- 对于已存在的旧杆件底部外露的加劲肋，宜增加易拆卸接地扣盘件，确保设施杆件整体美观 ⚠️ 。

⚠️ 绿化带内路灯杆、交通标识牌等大型杆件安装

⚠️ 已存在的旧杆件

3.7 人行道设施带

总体原则

- 人行道设施带宜结合绿地布置，宽度应满足不同城市家具最小净宽的要求。
- 各类设施应遵循"集中设置、统筹兼顾、隐蔽美观"的原则，适当组合，减少占用公共空间。
- 人行道设施的造型和风格应与周围环境相协调。

主要内容

人行道设施主要有配电与变电设施、消防栓、非机动车停放区、垃圾分类箱。

◆ **配电与变电设施** ①

一般原则：

(1) 应遵循远近结合、适度超前、合理布局、环境友好、集约节约和可持续发展的原则。

(2) 箱体应配上标志铭牌，注明控制箱类别、产权单位、报修电话及警示标语等。

◆ **消防栓** ②

一般原则：

(1) 市政消防栓的铸铁件表面应光滑，涂防锈漆，上部外露部分应颜色醒目，易于辨识。

(2) 市政消防栓应布置在消防车易于接近的人行道设施带或绿地等场地，且不妨碍交通。

◆ **非机动车停放区** ③

一般原则：

(1) 非机动车停放区域平面空间的宽度和长度由非机动车本身的尺寸、排列形式和停车需求确定。

(2) 邻近公交车站、地铁站等交通集散地以及医院、学校、商业步行街、重要公共建筑等人流集中的区域，宜设置非机动车停车区，且非机动车停车区距离主要客流吸引点不宜大于30m。

▲ 配电与变电设施

▲ 非机动车停放区

▲ 消防栓

▲ 垃圾分类箱

◆ **垃圾分类箱** ④

一般原则：

(1) 垃圾箱的设置应满足行人生活垃圾分类要求，垃圾箱同侧设置间隔宜根据人流量、道路功能，结合实际需求确定。垃圾箱的位置不应造成通行障碍。

(2) 垃圾箱宜布置在道路两侧以及各类公共设施、广场等出入口附近。

人行道设施带品质提升要点

- 配电与变电设施箱体外形和设置位置应考虑与周围环境的协调性 ⚠️1 ⚠️2，宜采用小型箱式变电站，并实现多箱合一。
- 市政道路空间设置的消防栓宜布置在道路的一侧，并靠近十字路口，保证醒目且不影响交通，便于日常使用及维护 ⚠️3。
- 人行道上的非机动车停放点的设置宜遵循"高密度、小规模"的布置原则，不得影响行人通行。

整治前

整治后

⚠️ 2 配电变电设施整治案例

注：位于道路设施带中的配电变电设施在整治前颜色突兀，与周围环境格格不入，极大地影响了城市道路的美观性。经草绿迷彩涂装后，与周围环境融为一体。

草绿迷彩涂装

⚠️ 1 变电箱隐藏于树木之间，与环境融为一体

⚠️ 3 消防栓整齐排列于绿化带中

3.8 车止石

一般原则

- 缘石坡道设置车止石，防止机动车驶入人行道。
- 车止石材质应坚固，满足防撞的要求。
- 车止石样式应统一、美观，宜选择花岗岩材质。

车止石品质提升要点

- 车止石造型设计应简洁大方，除非特殊需求，同一路段的车止石应在材料、造型、风格上协调统一 ❶。
- 除非有特殊需求，车止石不得使用链条或绳索相连，避免阻挡行人通行。
- 车止石应采用取芯成孔安装方式 ❷。

❶ 同一路段的车止石应在材料、造型、风格上协调统一

❷ 车止石采用取芯成孔安装

3.9 缘石坡道开口

一般原则

- 交叉口、出入口及过街人行横道两端应设置缘石坡道 **1**。
- 缘石坡道开口的设计以保持人行道平整美观、利于行走为原则。
- 全宽式单面坡的坡度不应大于 1：20 **2**；三面坡正面及侧面的坡度不应大于 1：12 **3**。

单位出入口未设置缘石坡道

1 交叉口、出入口及过街人行横道两端应设置缘石坡道

缘石坡道坡度及宽度不符合要求

2 单面坡缘石坡道坡度不大于 1：20

三面坡缘石坡道坡度设计不合理，盲道砖与坡道开口未对齐

3 三面坡缘石坡道坡度不大于 1：12

缘石坡道开口分类

缘石坡道开口分类		特 点	适 用 情 况		人行道结构是否需要加强
			人行道宽度（建议值）	机动车通行量	
A 型	三面坡缘石坡道	人行道连续	大于 4m	少量	需要加强
B 型	人行横道单面坡缘石坡道	人行道连续	小于 4m	少量	需要加强
C 型	人行横道单面坡缘石坡道	人行道断开，圆弧形坡道开口	—	较多	与机动车道相同

缘石坡道开口品质提升要点

- 检查井应避开缘石坡道。
- 缘石坡道的坡口与车行道之间不宜有高差。
- 斜坡道拼接缝应整齐、美观。

A 型三面坡式缘石坡道开口品质提升案例分析

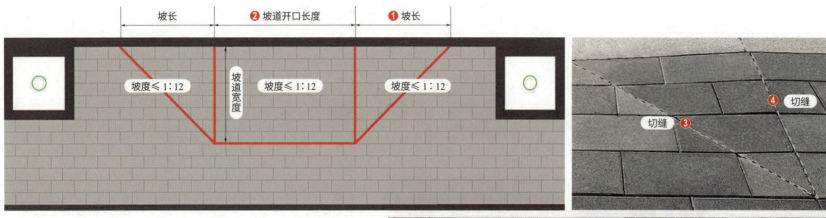

品质提升要点

❶ 坡长宜为透水砖长度的整数倍，坡度不大于1∶12。

❷ 坡道开口长度不小于 2m，宜为透水砖长度的整数倍。

❸ 切缝时，沿着透水砖的顶角进行 45°切割。

❹ 切缝两边设置半块砖，并采用工厂预制，减少切割。

❺ 缘石坡道与机动车道衔接处标高应平齐，不得有高差。

▲ A 型三面坡式缘石坡道开口品质提升案例

B 型单面坡式缘石坡道开口品质提升案例分析

品质提升要点

❶ 坡长宜为透水砖长度的整数倍，坡度不大于 1∶20。

❷ 坡道宽度与人行道宽度相同。

❸ 切缝两侧设置半块砖，采用工厂预制，实现现场零切割。

❹ 缘石坡道与机动车道衔接处标高应平齐，不得有高差。

▲ B 型单面坡式缘石坡道开口品质提升案例

C型圆弧形大坡道开口品质提升案例分析

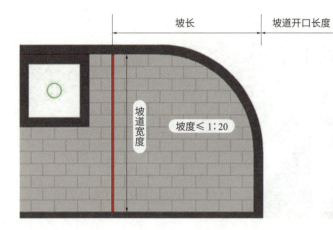
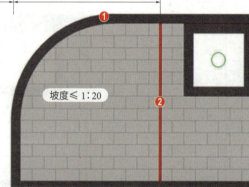

品质提升要点

❶ 坡长宜为透水砖长度的整数倍，坡度不大于1∶20。

❷ 坡道宽度与人行道宽度相同。

❸ 切缝两侧设置半块砖，并采用工厂预制，实现现场零切割。

❹ 缘石坡道与机动车道衔接处标高应平齐，不得有高差。

▲ C型圆弧形大坡道开口品质提升案例

3.10 非机动车道

一般原则

- 非机动车道宽度不宜随意压缩，交叉口处有条件时可设置非机动渠化车道及待行区。道路交叉口范围内的非机动车道宽度不得小于路段上的非机动车道有效宽度。
- 非机动车道标高宜与机动车道一致，避免非机动车骑行困难，保证骑行的舒适性。

非机动车道铺装

◆ **沥青混合料**

沥青混合料铺装具有施工简单、耐用性强、易于修补等优点。

◆ **透水混凝土**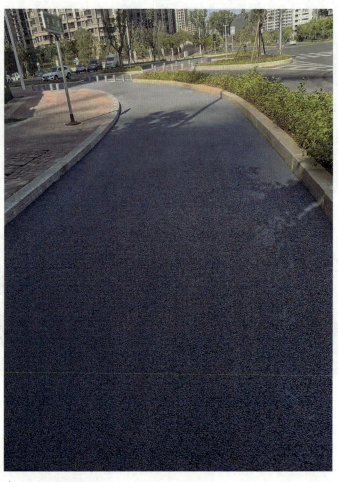

透水混凝土铺装施工简单,透水性好,雨天不易积水,有利于缓解城市内涝,降低热岛效应。

① 沥青混合料路面

② 透水混凝土路面

非机动车道品质提升要点

- 非机动车道铺装材料应具有防滑性。
- 非机动车道路面颜色宜与周边建筑、城市景观风貌协调统一，并设置标识。
- 应保证非机动车道的连贯性。
- 主干路、次干路断面为机非共板时应设置物理隔离设施（如绿化、护栏等），以保证非机动车行车安全⚠。
- 非机动车道在交叉口、弯道处、公交站台等位置应保持视线通透，具有良好的视距。

▲ 非机动车道与机动车道之间设置物理隔离

▲ 机动车道标识、标线采用夜间发光材料

3.11 地铁出入口

一般原则

- 地铁出入口位置应有利于吸引和疏散客流。
- 地铁出入口附近,宜根据需要与可能,设置非机动车和机动车的停放场所。
- 地铁出入口布置宜与过街天桥、过街地道、地下街、邻近公共建筑物相结合或连通。
- 当出入口朝向城市主干路时,应有一定面积的集散场地。

3 慢行系统

地铁出入口品质提升要点

- 地铁出入口应满足远期交叉口拓宽改造的用地要求，不得侵占远期人行过街等待空间。
- 在道路两侧设置地铁出入口时，应尽可能满足过街地下通道的使用功能要求，减少城市公共设施重复建设。
- 地铁出入口应尽可能结合城市地下空间（如人防工程、大型商场等综合建筑、构筑物出入口）设置。
- 地铁出入口宜结合周边公共绿地（如街边公园）布置 ⚠。
- 顺应智慧城市发展需求，地铁出入口应结合大型智能化管理停车场建设。
- 位于郊区的地铁出入口可配套设置大型公共停车场，以减少外来车流进入中心城区，进一步缓解及改善中心城区交通拥堵状况。
- 根据地铁出入口各个区域功能需求设计绿化，起到隔离、美化、导视等作用 ⚠。植物布置不应遮挡地铁口标识牌。

⚠ 沙堤站地铁出入口的空间衔接

⚠ 根据地铁出入口区域功能需求设计绿化

地铁出入口的空间衔接案例分析

❶ 与过街设施衔接
❷ 与非机动车停放点衔接
❸ 与公交站点衔接
❹ 与出租车停靠点衔接
❺ 与周边环境的衔接

▲ 南门兜地铁出入口的空间衔接案例

❸ 慢行系统

◆ 与过街设施衔接
- 地铁出入口至周边最近交叉口的人行有效通行空间应顺畅。
- 地铁出入口应与既有的地下过街通道进行统一设置。

◆ 与非机动车停放点衔接
- 应根据地铁站点人流量以及周边街区类型对非机动车停车区进行设计。
- 地铁出入口与非机动车停放点之间的距离宜为10～50m。

◆ 与公交站点衔接
- 地铁出入口周边宜紧凑布置公交车站,公交车站与地铁出入口之间的距离宜为50～200m。
- 邻近地铁口的公交车站宜设置为港湾式停靠站。

◆ 与出租车停靠点衔接
- 出租车停靠点应设置在靠近地铁出入口的邻近干道方向,确保安全,且不影响交通。

◆ 与周边环境的衔接
- 地铁出入口各要素(标志标牌、服务设施、植物配置等)设置应与周边环境相结合,并与城市风貌相协调,反映区域特色,提高其在城市空间中的辨识性。

🔺 与过街设施衔接

🔺 与非机动车停放点衔接

🔺 与公交站点衔接

🔺 与出租车停靠点衔接

🔺 与周边环境的衔接

3.12 行人过街安全岛

一般原则

- 当穿越车行道的人行横道长度大于 16m 时，应在人行横道中央设置行人过街安全岛。
- 行人过街安全岛的宽度不小于 2.0m，困难情况下不应小于 1.5m；安全岛驻留长度宜不小于与其相连的人行横道宽度。

行人过街安全岛品质提升要点

- 消除景观树木造成的视觉障碍。
- 二次过街行人与非机动车通过交通标线分离，各行其道。
- 行人过街安全岛缘石坡道的坡面应防滑，坡口与非机动车道、机动车道之间不宜有高差，宜采用醒目铺装颜色或荧光石铺装。
- 行人二次过街安全岛应设置防撞设施，安全岛路缘石应设置反光标识，宜设置红绿灯。
- 人行横道标线应防滑。

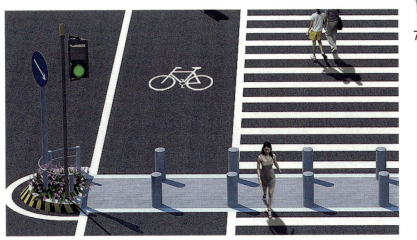

▲1 行人二次过街安全岛应设置防撞设施，安全岛路缘石应设置反光标识

推荐做法

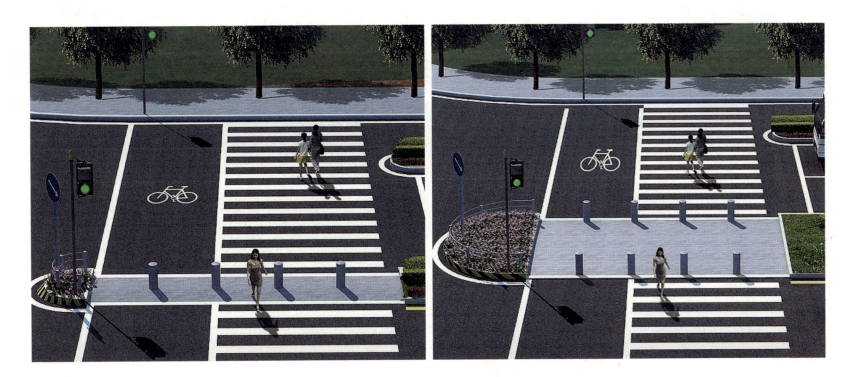

3.13 人行天桥

一般原则

- 天桥造型与色彩上应同环境景观相协调，并简洁美观。
- 结构设计应与施工工艺统筹考虑，宜采用工厂预制、现场拼装的方式，以少扰民、少影响正常交通为原则，做到安全、文明、快速施工。
- 天桥应按不同地域气候特点需要，采用防风（雨、雪）、遮阳等构造设计。
- 人行天桥的自振频率应满足规范要求，避免共振等影响行人的舒适性。

人行天桥桥面铺装

◆ **刻防滑槽混凝土** ❶

优点：防滑效果好，使用寿命长，造价低，取材方便。

缺点：景观效果及舒适性较差。

◆ **荔枝面石材** ❷

优点：使用寿命长，耐磨损，造价低。

缺点：石材有色差。

◆ **橡胶地垫** ❸

优点：整体性好，质量轻，施工方便，行人行走舒适性好。

缺点：防滑效果一般，耐候性差，容易老化、脱落。

◆ **彩色防滑陶瓷颗粒面层** ❹

优点：厚度薄，质量轻，色彩美观，防水性能好。

缺点：施工工序复杂，造价高。

❶ 刻防滑槽混凝土

❷ 荔枝面石材

❸ 橡胶地垫

❹ 彩色防滑陶瓷颗粒面层

3 慢行系统

采用铝合金板、铝板、铝塑板及仿石材挂板等饰面，增加天桥的美感

采用纤维混凝土复合材料（GRC）装饰板外包，丰富桥梁外表面造型

⚠ 天桥结构的外表面处理

人行天桥品质提升要点

- 人行天桥的桥面铺装层应耐磨、防滑，材质、颜色与周边环境相协调，并为行人及非机动车提供舒适的过桥体验。
- 钢质天桥应采用耐久型防腐涂装，满足腐蚀环境、使用年限的要求，并综合考虑各涂层之间的相容性和适应性。
- 景观要求高的天桥上部结构的外表面装饰，可采用铝合金板、铝板、铝塑板及仿石材挂板等，通过色彩和材质进行处理，并与景观设计相结合，增加结构的美感⚠。

- 有景观要求的道路，适当考虑天桥结构造型，提升市区景观效果。
- 通过夜景灯光突显天桥特色，但应避免产生光污染❷。
- 人群密集场所（如医院、商场）附近的天桥顶部宜增设雨篷❸。
- 景观要求高的人行天桥，可对桥墩进行装饰或采用绿化种植进行遮挡。

❷ 照明设计及夜景效果

注：景观照明设计应突显天桥景观特色，但是应避免干扰城市机动车交通，不应与交通信号灯造成视觉上的混淆，并考虑对眩光的限制。

3 慢行系统

▲ ③ 天桥雨篷

▲ ④ 天桥电梯

▲ ⑤ 与建筑内部相连

注：人行天桥宜设置直接便捷的连廊进入商业、服务业、商务办公和公共设施等建筑内部。

- 新建天桥宜增加无障碍设施，在商业或人群密集点宜增设电梯，可结合商业进行配套管养 ▲④。
- 用地受限的商业综合体区域，人行天桥可作为连廊直接接入道路两侧公共建筑的裙楼 ▲⑤。
- 条件允许的情况下，推荐将梯道落于绿化带上，尽量不占用原有的人行道通行空间，若需占用，应保证人行道最小通行空间宽度大于2.5m。
- 当人行天桥梯下净空不足、不适宜通行时，应设置警示标识，或采用花坛等美化环境设施。
- 人行天桥伸缩缝细部构造及防水应进行专项设计 ▲⑥。

▲ ⑥ 人行天桥采用线性排水沟，观感上呈现简洁统一

福州市景观人行天桥

▲ 福道天桥

▲ 江滨中大道天桥

❸ 慢 行 系 统

▲ 吉道天桥

▲ 三环路淮安半岛天桥

▲ 东泰禾天桥

▲ 青年桥

▶ 不见桥

❸ 慢 行 系 统

▲ 金鸡山天桥

3.14 特色元素

一般原则

在地方标志性建筑周边道路、重要主干路、文化街区、步行街区宜融入文化元素,彰显地方特色。

◆ 特色树池

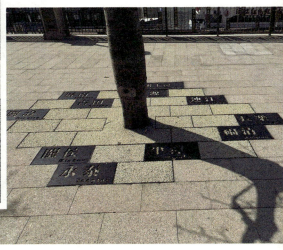

◆ 特色车止石

◆ 特色景观墙

◆ 特色路缘石

◆ 特色井盖

◆ 特色护栏

CHAPTER 4 市政景观

MUNICIPAL LANDSCAPE

市 政 景 观

总体原则

- 道路绿化设计应根据城市特点，选择易成活和生长的本土树种，在绿地形式上符合路段功能要求，使城市道路绿化体现地方特色，彰显地域文化，增加亲切感，让更多的人了解城市特色。
- 道路建设项目应当按照国家规定和园林绿化规划留足绿化用地，其绿地率按下列比例确定：
  (1) 红线宽度大于50m的道路，不低于30%；
  (2) 红线宽度在40m以上、50m以下的道路，不低于25%；
  (3) 红线宽度在40m以下的道路，不低于20%。
- 种大树，并考虑行道树高度与道路宽度的比列协调。
- 道路绿化应符合行车视线和行车净空要求，绿化树木与市政公用设施的相互位置应统筹安排，并保证树木有所需的立地条件与生长空间；道路交叉口视距三角形范围内，行道树绿带应采用通透式配置。
- 植物种植应适地适树，并符合植物间伴生的生态习性；不适宜植物生长的土质，应改良土壤后进行绿化；运用层次丰富、不同高度的植栽，打造植物林冠线的天际线效果；利用四季轮替的乔木及灌木，季相分明，体现四季景观。
- 行道树应选择低维护、耐管养、深根性、分枝点高、冠大荫浓⚠、生长健壮、适应城市道路环境条件，且落果对行人不会造成危害的树种；其规格、种植间距应经号苗确认，满足设计和管理要求。
- 绿化布置应疏密有致，不遮挡重要界面，留足空间。
- 修建道路时，宜保留有价值的原有树木，结合场地现状、合理优化设计，并应对古树名木予以保护。

⚠ 行道树冠大荫浓，为车辆和行人庇荫

4.1 车行道绿化带

一般原则

- 分车绿带植物配植应形式简洁大气，树形整齐，排列一致，多样化植物搭配，采用规整式或自然式种植形式。
- 被人行横道或道路出入口断开的分车绿带，其端部应采取通透式配植；在道路交叉口视距三角形范围内和弯道内侧的规定范围内，绿带种植的树木应不影响驾驶员的视线通透。
- 景观形式在满足功能及观赏性的同时，应体现"以人为本"的设计理念，充分发挥人与景观的互动性。

红线外两侧绿化带景观形式

◆ **宽度大于 30m 的两侧绿化带**

景观形式：结合海绵城市设计，公园式绿化，布置林荫式休闲步道，布置坐凳、小品等。多乔木、草坪，少灌木，苗木搭配简洁明朗，地被线条流畅。

◆ **宽度在 8～30m 的两侧绿化带**

景观形式：结合海绵城市设计，可根据环境需求布置林荫式休闲步道。上层植高大乔木，可片植开花乔木，适当布置开花、色叶自然状灌木，下层草坪线条流畅。沿人行道边增植一排乔木，以形成林荫道。

◆ **宽度在 2～8m 的两侧绿化带**

景观形式：沿人行道边增植一排乔木，形成林荫道。外侧种植高大常绿乔木、片植开花乔木。适当布置开花、色叶自然状灌木，下层为草坪。

红线内中央分隔带、机非分隔带景观形式

◆ **宽度大于 5m 的绿化带**

景观形式：采用点植高大乔木，片植开花乔木，适当布置开花、色叶自然状灌木，下层草坪形式多层次搭配的自然式种植。

◆ **宽度在 2.5～5m 的绿化带**

景观形式：上层采用双排乔木品字种植，中层适当布置开花、色叶自然状灌木，起到防眩光作用，下层种植草坪或多年生（宿根）花卉植物。

◆ 宽度在 1.5～2.5m 的绿化带

　　景观形式：上层种植单排大乔木，树形整齐、排列一致；中层适当布置丛状开花灌木，起到防眩光作用；下层种草皮/麦冬（设计视生长环境选定）。

◆ 视距三角形范围绿化

　　景观形式：在道路交叉口、分车带开口及高架桥下绿地开口高度 0.9～3m、视距三角形范围内，应采用通透式配植，绿植应不遮挡驾驶员视线，建议种植草皮/麦冬/多年生（宿根）花卉。

车行道绿化带品质提升要点

- 中央分隔带设计应注意防止对向车辆的眩光影响，特别是在车道转弯路段❶。
- 噪声污染较大的城市路段，应根据噪声的来源、高度范围等进行绿化栽植。
- 道路较长时，可以根据不同地段的特点，以交叉口为界，交替使用不同的绿化布置形式❷。
- 应统一规划，合理安排道路绿化与市政设施的空间位置。
- 道路绿地应根据需要配备灌溉设施；道路绿地的坡向、坡度应符合排水要求，并与城市排水系统结合，防止绿地内积水和水土流失。
- 苗木应严格按苗木造册要求进场验收和种植。

❶ 机非分隔带、两侧绿化带依据地段特点，留出透景线

❷ 车道绿化分隔带不同路段选植特色乔木

4.2 人行道绿化带

一般原则

- 行道树应选择深根性、分枝点高、冠大荫浓、树冠优美、生长健壮,适应城市道路环境条件的乔木;在交通干道上栽植的行道树,枝下高度不小于 4.5m,非机动车与人行道之间的行道树,枝下高度不小于 2.5m。
- 行道树株距应以其树种壮年期冠幅为准。

人行道绿化带景观形式

◆ **宽度小于 6m 的人行道**

景观形式：宽度小于 6m 的人行道且无建筑退距时，宜设置一排行道树，行道树株距不宜小于 5m；有一定的建筑退距空间时可设置两排行道树；城市中心行人密集的道路，行道树下宜铺设透气的生态材料并加树箅。

◆ **宽度大于 6m 的人行道**

景观形式：宜设两排行道树或两条绿化隔离带，实现绿荫人行道的效果。绿化隔离带宽度宜大于 1.2m。

B 人行道绿化带品质提升要点

- 行道树株距，一般采用 6～8m，并与路灯间距成一定的比例关系，同时，避免遮挡路牌、牌坊、路灯、信号灯等⚠1。
- 行道树树种选择宜根据周边道路类型（商业、生活服务、景观休闲等）适当调整，所选择的植物应具备辨识度。
- 濒临江、河、湖、海等水体的路侧绿地，应结合水面与岸线地形打造滨水绿带，采用植物搭配组织绿地空间，在道路和水面之间留出透景线。
- 路缘石边缘植被应比路缘石低 3～5cm。
- 树池边缘宜与人行道铺面齐平，并调整人行道坡度，使雨水流向树池；有连续绿化要求时，非机动车道或人行道增设雨水口或设置线性排水沟⚠2⚠3。

⚠1 人行道行道树成荫，不遮挡路牌

⚠2 有连续绿化要求时，非机动车道增设雨水口或线性排水沟

⚠3 有连续绿化需求时，人行道增设雨水口或设置线性排水沟

4.3 渠化岛绿化

一般原则

- 采用通透式的植物配植,确保驾驶员的行车视线在合理的范围内;避免植物枝叶对交通产生影响;渠化岛绿化设计应留出一定的安全视距,确保通行安全。
- 渠化岛的绿化设计宜增强导向作用,同时考虑符合园林美学理念,增强整体景观效应。
- 岛头绿地的乔木靠近渠化岛铺装一侧种植。

渠化岛绿化类型

◆ **面积小于 200m² 的渠化岛** ❶

景观形式：岛头点状种植冠大荫浓的高大乔木，树下铺设箅子。

◆ **面积为 200～350m² 的渠化岛** ❷

景观形式：岛头乔木三五成群种植，下植草坪，乔木宜靠近铺装侧种植。

◆ **面积大于 350m² 的渠化岛** ❸

景观形式：岛头片植高大乔木、开花乔木、草坪，在满足安全视距的要求下，可配植少量开花、色叶自然状灌木；岛中铺装广场可点植常绿高大乔木（见❸中的红框）。

▲ 面积为 200～350m² 的渠化岛

▲ 面积小于 200m² 的渠化岛

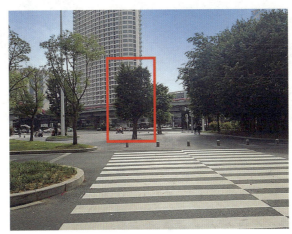

▲ 面积大于 350m² 的渠化岛

渠化岛绿化品质提升要点

- 中大型渠化岛绿化带、环岛绿化带可结合海绵城市设计▲。
- 应选种冠幅较大树种，可实现遮荫功能▲，并确保视线通透，满足净高要求。

▲ 渠化岛结合海绵城市建设一体设计，路缘石预留排水口，确保路面排水效果

▲ 岛中种植常绿大冠乔木，为过街行人提供遮荫场所

4.4 市政道路边坡绿化

一般原则

- 市政道路边坡绿化与传统的土木工程边坡(钢筋锚杆支护、挂网、格构等)相结合,可有效实现坡面的生态植被恢复与防护,不仅具有保持水土的功能,还可以改善环境和景观。
- 道路边坡绿化应结合工程措施栽植草皮、地被或攀缘植物。
- 依据地形变化和沿线挡土墙形式的多样性,护坡绿植应能遮挡挡土墙的不利视面,增加美化效果。

市政道路边坡绿化方式

◆ **框架式种植**

　　钢筋混凝土框架种植边坡，在框架内回填客土，并固定或采用内含种植基质的种植袋，选择适宜草种，进行种植绿化。

◆ **台式种植**

　　台式边坡的平面和立面均需绿化，平面与地面绿化方式大致相同，立面则可采用立体绿化的方式，如种植攀爬类植物。

◆ **面式种植**

　　面式种植适合大面积岩石绿化，施工难度小、投入少。

◆ **挡土墙绿化**

　　挡土墙可种植高度大于 1.8m 的枝叶密实的乔灌木，在下层配合攀缘性植物覆盖立面，挡土墙顶部种植下垂绿植遮挡。

▲ 框架式种植　　▲ 面式种植

▲ 台式种植

▲ 挡土墙绿化

边坡绿化品质提升要点

- 在边坡、挡土墙上种植适量的有色植物,提高视觉效果。
- 绿化种植可从挡土墙顶、墙身砌筑缝、墙脚处分别种植适宜绿植,可采用下爬上挂的模式提升种植效果⚠️⚠️。
- 边坡绿化依据项目情况可考虑增设滴灌系统。
- 挡土墙砌筑要求坐浆不露浆,利于植物生长。

⚠️ 墙身高度于大 2m 时,攀缘的爬藤性植物和枝叶婆娑的乔灌木结合遮挡

⚠️ 墙身高度小于 2m 时,可采用上挂式从墙顶种植绿植或墙身铺撒草籽等形式

生态挡土墙

◆ 优点

(1) 挡土墙绿化可结合生态挡土墙预制块体(建筑固废利用),兼具重力与柔性特点。

(2) 具有透水、滤水功能。

(3) 尺寸可定制。

❶ 以建筑固废再利用生产的预制块体。

❷ 预留植物种植槽。

4.5 桥梁立体绿化

一般原则

- 在安全性设计方面，应进行一体化设计，包括桥面绿化、桥下空间绿化等；桥梁设计须充分考虑绿化荷载，应对桥上绿化荷载进行限制。
- 所选植物应根据本地气候条件，选用少维护、耐候性强的品种；具有观赏性强、色相变化、季相变化，抗高温、耐严寒、耐旱、便于管理的特点；桥底绿化需选择耐阴的绿化地被植物或草坪。
- 两侧设计的种植盆，应内设灌溉系统和排水系统，土壤选择肥力好的轻质营养土；将高架桥垂直绿化施工、养护等方面对交通的影响降到最低。

桥面两侧绿化

人行天桥桥面两侧绿化选择适宜本地生长的垂吊性花灌木；安装节水滴灌系统及种植槽底排水系统；依据桥型及周边环境，设计适宜的花箱形式，精细打造，令整体景观效果更加完美。

对现有人行天桥的绿化提升，建议采用加挂种植槽的方式进行处理。根据受力安全方面的要求，选择轻质、耐老化、耐腐蚀、使用寿命更长的花箱产品，花箱应固定牢固，并进行防腐处理。槽内土壤选择肥力好的轻质营养土，种植槽内预留喷淋和排水系统。

桥面绿化

桥面种植：以常绿植物为主调，可选择具一定观赏价值的园林植物，打造"桥在景中❶，景在桥中❷"的生态景观天桥。

❶ 桥在景中

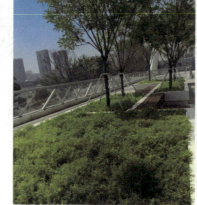

❷ 景在桥中

桥底绿化

◆ **桥底距地面 7m 以上**

景观形式：常年光照充足，建议采用灌木和地被或草坪搭配的自然式种植。

◆ **桥底距地面 7m 以下**

景观形式：高架桥底原则上种植耐阴灌木和地被或草皮。

◆ **引桥部分**

景观形式：若常年光照不足，可考虑做硬化处理，外围以耐阴灌木遮挡。靠近桥台低于2m的桥下空间不种植灌木和乔木，在桥身投影线内侧1m处及净高2m处进行绿色围栏隔离。外围种植高灌木及爬藤植物。

◆ **人行天桥桥底**

景观形式：种植耐阴灌木和地被/草坪。

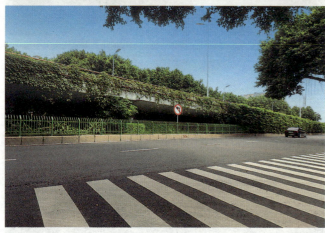

桥梁立体绿化品质提升要点

- 进行桥梁立体绿化设计时，应综合绿化用地、市政管线、绿化形式、桥体检测养护等的影响。
- 结合桥面设计尺度，可在桥面种植适宜的乔木及地被组团或草坪；天桥台阶宽度适宜的情况下，可在台阶处增设绿化并结合周边人流情况设计休憩座椅⚠。
- 在桥面两侧和梯道两侧设置种植槽。

⚠ 天桥梯段设计宽度足够的情况下设置景观休憩座椅

- 在桥底绿化设计方面,应结合海绵城市设计 ❷❸❹。
- 种植攀缘植物沿桥墩攀爬时,需充分考虑桥梁结构安全,设置独立植物攀缘体,避免梁底被包裹覆盖,便于后期定期进行检修。攀缘植物宜选卷须类植物 ❺。
- 对有雨篷的人行天桥,应结合雨篷统筹设置种植槽绿化。

❷ 桥下街边公园绿化

❸ 桥下绿化

▲ 根据桥下绿化空间情况选择适宜种植方式

▲ 围绕桥墩种植攀缘植物

注：围绕桥墩的攀缘铁丝网接近墩顶 30～50cm 处，向两侧展开，避免植物覆盖梁底，影响后期定期检修养护。

4.6 红线内外界面绿化处理

一般原则

通过对道路红线内外进行统筹，弱化道路红线对步行空间的分隔，实现道路的整体塑造。

红线内外界面绿化处理品质提升要点

- 红线内外高差的绿化处理，应自然衔接，无安全隐患。

红线内外界面绿化处理

▲ 当人行道与红线外建筑无高差时，可采用连续绿化分隔带过渡

▲ 当人行道与红线外建筑高差比较小时，可采用斜坡式绿化与台阶组合进行过渡

▶ 当人行道与红线外建筑高差比较大时，可采用挡墙或围墙处理，立面应采用垂直绿化遮挡

4.7 街边公园景观

一般原则

- 街边小公园、广场绿地等绿化空间中铺设游步道、设置坐凳等，供行人进入游览休憩，满足观赏性的同时体现"以人为本"的设计理念。
- 应结合绿地地形环境条件、周边历史文化、自然景观特点等，设计有自身独特的主题创意与景观意境。
- 景观小品从材料、色彩、体型尺寸、构（建）筑物选址、安放等各方面强调匠心设计和建造，注意精巧适宜，与周围环境、建筑和谐统一，共同营造景观的艺术观赏效果。
- 景观小品同时应兼顾生态环保、低维护成本需求。

街边公园品质提升要点

- 注意街边公园出入口、转角等关键节点的景观组团,花化彩化点缀、挑选苗木观赏面、考究景观置石摆放。
- 园路铺装注意细部设计,收口美观、衔接自然。
- 草坪井盖应做隐蔽处理,弱化突兀的视觉影响。
- 结合海绵城市设计,打造能吸水、蓄水、渗水、净水的公园绿地。

出入口及组团节点

组团节点、街边公园组团以景观节点形式观赏花木色彩变化，体现季相变化。在草坪丛植开花乔灌木，鲜花色叶变化不断，即疏林草地、花化彩化点缀，空间通透，视野宽阔，供人观赏、使人心情愉悦❶。

街边公园出入口与市政道路自然衔接，依据人文环境特点可设文化主题雕刻的车止石分界❷。

▶ ❶ 组团节点

注：城市里的"乔木＋乔灌＋地被/草坪"植物组合，形成自然生态群落，改善区域生态环境，成为城市环境的"冷湖"，缓解城市的"热岛"效应。同时，注意与周边硬质铺装的衔接设计。

2 街边公园出入口与市政道路的衔接

1 街边公园出入口与市政道路的衔接

园路 1 2 3 4 5

常用类型：透水混凝土（砖）、彩色沥青、石材铺装、卵石地面。

依据不同功能区域及设计的要求，注意不同铺装材质收边收口"精细化处理，确保美观"。保证打磨好路缘石棱角，注意场地细部设计的安全性，不能出现锋利的边缘、尖角及可能卡住儿童头和手指的开孔。

▶ 2 嵌草路面，透水透气性铺地

▶ 3 铺装地面

注：铺装地面深化铺装模数，定制异形尺寸，界面衔接自然；以不同铺装材质，创造不同的空间。

▲ 花街铺地，具有精美的视觉景观和独特的意境

▶ 园路铺装结合公园功能及文化定位，突出公园特色及氛围

汀步

汀步设计能给行人带来便利性和趣味性。汀步尺寸和铺设间距应以便于行走为原则。

为避免草坪被过度踩踏而设置的草地汀步石，样式可多样，与景观整体协调统一▲。

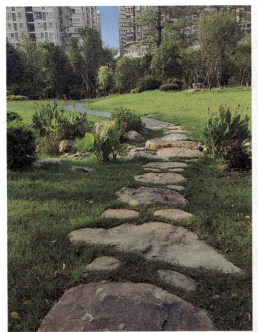
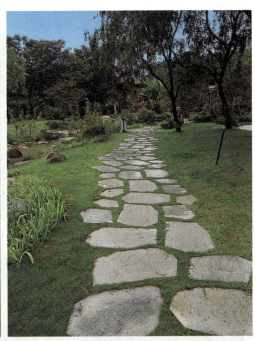

▶ 草地汀步石

林下空间（休憩空间）

结合草地汀步石铺设连接林下空间，增加市民活动空间，契合自然式布局风格❶❷。

⚠ 增加可入性强的林下休憩空间，方便市民进入

⚠ 林下休憩空间，营造自然石座椅，增添游园趣味

草坪

阳光草坪应结合地形造坡，注意草坪排水坡度，结合海绵城市建设或沿铺装边界设植草沟❶❷。

草坪应依据季节或绿化用途选择适宜的草种类型，如公园开放式草地，宜选用具有耐干旱、耐踩踏、抗杂草能力强、病虫害少、可粗放管理等特性的草种；选用草卷时应保证草卷厚度。

草坪中设下沉式草坪井盖时，可覆土植草，起到隐蔽井盖的效果❸❹。

草坪中设排水井盖时，可涂刷环保绿漆，达到隐蔽效果❺。

植草沟

▲ ❸ 矩形草坪井盖

▲ ❷ 阳光草坪

▲ ❹ 圆形草坪井盖

▲ ❺ 草坪中设排水井盖

▲ ❶ 植草沟

雨水花园

景观组团结合海绵雨水花园、下凹绿地设计，丰富景观空间的视觉体验▲。

地形丰富，渗透性强的可运用海绵城市理念，打造出一批能吸水、蓄水、渗水、净水的"海绵体"，使之成为最有效的"绿色海绵"▲▲▲。

▲ 雨水花园

4 市政景观

▲ 具有良好"弹性"的海绵绿地

▲ 雨水花园旱溪效果

▲ 溢流井

4.8 景观小品

一般原则

- 设置在城市公共空间中作为视觉焦点的雕塑类艺术小品及其配套设施，其主题内容应凸显地域人文特色。
- 艺术造型景观设施宜设置于较为宽敞的城市公共空间，如广场、街边公园出入口等，周边相应留出合适的空间，以供行人停留与观赏。
- 艺术景观设施的尺度及色彩应因地制宜，满足功能性要求的同时与整体环境相协调。

艺术小品品质提升要点

- 小品主题具有时代感，弘扬当地人文精神，特殊场合或主要公共建筑区域可考虑主题性或纪念性雕塑⚠。
- 景观小品宜结合智能化设备设置，设计风格统一，体现趣味温馨。

⚠ 特殊场合纪念性雕像，以及特色地面小品

景观小品 1 2

1 结合周边地域历史文化特点,设置特色主题浮雕

2 特色主题地面小品

艺术小品

▲ 1 特色雕刻休憩桌凳

▲ 2 艺术小品体积小巧、造型新颖、精美多彩、立意有章、富有地方色彩，可供人评赏

❸ 艺术小品

4 市政景观

▲ 艺术小品凸显人文环境、创新活力，增添观赏和精神渲染的氛围

REFERENCE 参考文献

[1] 上海市规划和国土资源管理局，上海市交通委员会，上海市城市规划设计院. 上海市街道设计导则 [M]. 上海：同济大学出版社，2016.

[2] 广州市住房和城乡建设委员会，广州市城市规划勘测设计研究院. 广州市城市道路全要素设计手册 [M]. 北京：中国建筑工业出版社，2018.

[3] 福州市城乡建设委员会. 福州市市政道路工程设计提升导则 [Z].2018. http://fzjw.fuzhou.gov.cn/zz/zwgk/tzgg/201901/t20190115_2740603.htm

[4] 中华人民共和国住房和城乡建设部. 城市道路工程设计规范：CJJ 37–2012[S]. 北京：中国建筑工业出版社，2012.

[5] 中华人民共和国住房和城乡建设部.CJJ 152—2010: 城市道路交叉口设计规程 [S]. 北京：中国建筑工业出版社，2010.

[6] 中华人民共和国住房和城乡建设部. 无障碍设计规范：GB 50763—2012[S]. 北京：中国建筑工业出版社，2012.

[7] 中华人民共和国住房和城乡建设部. GB 51286—2018: 城市道路工程技术规范 [S]. 北京：中国建筑工业出版社，2018.

[8] 安徽省住房和城乡建设厅. 城市道路杆件综合设置技术标准：DB34/T 3956—2021[S]. 合肥：安徽省工程建设设计办公室，2021.

[9] 福建省质量技术监督局. 可调式防沉降球墨铸铁检查井盖：DB35/T 1537-2015[S].2015.

[10] 中华人民共和国建设部. CJJ 75—1997: 城市道路绿化规划与设计规范 [S]. 北京：中国建筑工业出版社，1998.